EXTRAIT DU PROCEZ VERBAL DES ESTATS DU PAYS DE FOIX,

tenus à Foix, & clos le 27. du mois d'Octobre 1691.

Contenant les Protestations faites par Monsieur le Marquis de Mirepoix, Commissaire du Roy.

Par Monsieur l'Evêque N^e^ de Pamiers, President.

Et par Monsieur le Comte de Foix, Chef de la Noblesse.

Au sujet desquelles ils poursuivent un Reglement devant le Roy.

Les Estats estant finis, & le Procés Verbal des Deliberations de l'Assemblée estant achevé, Monsieur le Marquis de Mirepoix Commissaire du Roy, Monsieur l'Evêque N^e^ de Pamiers President, & Monsieur le Comte de Foix, l'ont signé en la maniere qui suit.

Signé LEVI DE MIREPOIX. *Et ensuite est écrit*, Sans Approbation des dits de Monsieur de Pamiers, inserés aux feuillets 8. & 9. & de la Relation que fait Monsieur le Comte de Foix au feüillet 23. qui n'est pas conforme à ce qui s'est passé, & sans prejudice de la Seance faite pardevant nous au sujet du Serment du nouveau Secretaire. Protestations de M^r. le Marquis de Mirepoix.

Signé, FRANCOIS DE CAMPS EVESQUE N^e^ DE PAMIERS, President. Persistant dans mes Oppositions & Protestations cy-aprés écrites.

Je ne suis pas surpris que Monsieur le Gouverneur n'approuve pas ce que j'ay dit aux feuillets 8. & 9. puisqu'il fait profession de desaprouver par ses lettres & par ses paroles tout ce que je Protestations de M^r. l'Evesque Nommé de Pamiers.

dis & tout ce que je fais dans le Pays : mais j'espere de meriter l'approbation de Sa Majesté par mon attachement & ma fidelité pour son service. Je suis neanmoins bien surpris de ce que Monsieur le Gouverneur dit à l'égard de Monsieur le Comte de Foix, puisque ce qu'il a avancé en pleine Assemblée, & dicté au Secretaire qui l'a écrit sur le Plumitif, est de notorieté ; & qu'il n'est pas d'ailleurs à presumer qu'un Seigneur d'une naissance si distinguée dans le Royaume, le Chef de la Noblesse du Pays, d'un âge fort avancé, d'un honneur & d'une probité reconnuë, ait rien dit contre la verité.

Je ne conviens pas de plusieurs faits qui sont contenus dans les dires estudiés de Monsieur le Gouverneur, de Mr l'Abbé de Pailhés, & de Seré le fils ; qui se contrarient entre eux sur les mesmes faits, qui ne sont en aucune maniere semblables à ce qu'ils ont dit dans les Estats, & qu'ils n'ont remis au Secretaire que plusieurs jours après la Seance, & qui n'ont aussi esté inserés dans le Verbal qu'à leur requisition, & sans que les Estats l'ayent deliberé.

Je declare aussi que ce n'est pas de mon consentement que Monsieur le Commissaire du Roy a signé au milieu de la premiere page de ce Procês verbal, quoique Monsieur le Marquis de Châteauneuf luy ait écrit le 20. Novembre dernier de ne faire aucune difficulté de signer au bas de chaque page où j'avois déja signé ; & je ne puis me dispenser, pour prévenir les consequences, de me plaindre au Roy, qu'ayant à cause de mon incommodité, confié ce Verbal à Monsieur le Gouverneur, qui me l'a demandé pour le signer par sa lettre du 2. de ce mois, il l'ait aussi fait signer avant moy & avant Monsieur le Comte de Foix par Mr l'Abbé de Pailhés, Mrs de Caraux, de Terraube & autres, contre le respect qu'ils me doivent, & contre celuy qu'ils doivent aussi à Monsieur le Comte de Foix Chef de la Noblesse ; Et je proteste contre la rature & changement de mot, que Monsieur le Gouverneur a fait faire dans la dixième ligne de la seconde page du feüillet 36. depuis que le Verbal a esté renvoyé de la Cour.

Je suis opposant, sous le bon plaisir de Sa Majesté, à la prestation de Serment du pretendu nouveau Secretaire dont Monsieur le Commissaire du Roy parle cy-dessus, de laquelle nous n'avons eu aucune communication, attendu qu'elle a esté faite à heure indûë, à six heures & demie du soir, contre les formes ordinaires, sans nostre participation, & après que j'ay eu declaré la fin & la closture des Estats, ainsi qu'il resulte de l'article dernier de la penultieme seance de ce Procès verbal; l'usage des Estats de Foix estant de ne reconnoistre aucune seance pour legitime, à laquelle le veritable President de l'Assemblée, estant sur les lieux, ne preside pas; ainsi qu'il a esté declaré par Mr de Terraube aux Estats de 1674. & deliberé par ceux de 1675. Et je réïtere, entant que de besoin, toutes les oppositions que j'ay formées dans plusieurs seances des Estats, & notamment à la destitution des Srs Meric Tresorier, d'Alciat Syndic, & Dufaur Secretaire de la Province; comme estant tres-injuste contre l'usage observé dans ce siecle & dans le precedent, & contre la foy des Deliberations des Estats, qui ont deliberé en 1639. 1648. & 1652. que ces trois Offices sont à vie. Les Estats ont mesme donné des survivances à leurs Syndics & Tresorier en 1659. 61. 62. 67. & 1670. dont on a encore un exemple qui subsiste dans le Païs en la personne de Seré le fils, lequel Mr l'Abbé de Pailhés, presidant pour lors aux Estats de 1680. a proposé & fait recevoir en la survivance de son pere: Et lors que par le grand âge & la caducité du Sr Theulade Syndic, les Estats l'ont trouvé incapable d'agir, on n'a jamais proposé dans l'Assemblée que de luy donner un Survivant ou Coadjuteur, en luy conservant ses émolumens, ainsi qu'il se justifie par les Deliberations des Estats de 1674. 1675. & 1677.

Les Estats ont mesme donné des recompenses aux veuves des Syndics après leur mort en 1662. & 1678. estant d'ailleurs d'un pernicieux exemple, & directement contraire aux Ordres de Sa Majesté suffisamment declarés par Monsieur le Marquis de Châteauneuf Secretaire d'Estat; dans ses Lettres du 22. Aoust & 3. Septembre dernier; que j'ay fait lire en pleins Estats, & inserer dans le Verbal, de faire un si grand changement lors que le Roy ordonne de laisser toutes choses en estat: Et quand mesme lesdits ordres n'auroient pas esté expliqués d'une maniere aussi precise & aussi claire qu'ils le sont dans les Lettres de Monsieur le Marquis de Châteauneuf, on doit sçavoir que lors qu'il s'agit des ordres du Roy, quelques douteux qu'ils paroissent, il faut toûjours prendre le party de l'obéïssance comme le plus seur. Et si j'ay reçû le serment des Srs Seré & Caluet, je ne l'ay fait qu'avec mes protestations, & pour ceder à la violence de Mr l'Abbé de Pailhés & de ses adherans, & que pour empescher un plus grand éclat, par les frequentes descentes de Monsieur le Gouverneur dans l'Assemblée, dont ils me menaçoienr à tous momens; & je me serois mesme opposé aussi fortement à la destitution desdits Srs Meric & d'Alciat que j'ay fait à celle du

Sr Dufaur, si je n'avois cru que Monsieur de la Berchere, qui me dit alors qu'il estoit le seul Interprete de Ordres du Roy dans son Departement, ne portast Mr l'Abbé de Pailhés & ses adherans à y obeïr.

Je proteste encore de nouveau de poursuivre devant le Roy la cassation des Deliberations qui contiennent la destitution des susdits Officiers, & l'establissement des nouveaux à leur place, pour avoir esté prises contre les défenses de Sa Majesté, & au prejudice de mes oppositions, qui seules, selon nos Reglemens, devoient empescher les Estats d'opiner sur cette affaire, & dont il y a des exemples que j'ay rapportés dans ce Verbal à la fin de la penultieme seance, quoiqu'en un cas moins favorable que celui-cy. On devoit donc attendre qu'il eût plû au Roy de vuider mes oppositions, Sa Majesté seule pouvant en connoistre, puisqu'elles ne tendoient qu'à affermir son autorité dans les Estats, & à y maintenir l'obeïssance qui luy est dûë; & jusques à ce que Sa Majesté en eût decidé, Mr l'Abbé de Pailhés & ses adherans ne pouvoient, sans attenter contre l'autorité Royale, prendre lesdites Deliberations, & encore moins les faire executer, en mettant, comme ils ont fait, leurs pretendus Officiers en exercice; & je soûtiens les susdites Deliberations non seulement nulles & attentatoires contre Sa Majesté & contre la force & la justice de mes oppositions, mais aussi monopolées, injustes, scandaleuses, & pleines de violence, & qui ne marquent que trop un esprit de soulevement en la plûpart de ceux qui les ont prises, & une passion peu édifiante & peu convenable au service du Roy en Monsieur le Gouverneur & en Monsieur l'Intendant, qui pour les faire prendre, ne se sont pas contentés, en abusant de leur autorité, de donner conseil, de briguer & de solliciter, mais qui ont encore employé jusques aux menaces, soit par eux-mesmes, soit par leurs Emissaires.

Je n'aurois pas mis en cet endroit mes protestations & oppositions à cette prestation de serment du pretendu nouveau Secretaire, s'il eût plû à Monsieur le Marquis de Mirepoix d'en faire faire un acte separé, dans lequel je les aurois inserées, ainsi qu'il est porté par la lettre de Monsieur le Marquis de Châteauneuf, du 20. Novembre dernier.

Je proteste, sous le bon plaisir du Roy, de la violence que Monsieur le Gouverneur m'a faite, pour m'obliger, contre l'usage des Estats de Foix de ceux de Languedoc, & de tous les autres du Royaume, d'aller avec les Estats en corps le chercher au Château, pour l'accompagner à la Messe le jour de l'ouverture

ture de l'Assemblée. Et l'honneur de mon caractere, aussi bien que le respect qu'il est necessaire que les peuples conservent pour leur Evesque, m'engagent à porter aussi ma plainte au Roy, de l'insulte que Monsieur le Gouverneur m'a faite en pleine ruë, lorsqu'allant de l'Eglise à l'Assemblée en Rochet & Camail, il a quitté le côté de la ruë où il estoit, & a passé le ruisseau, pour me prendre le haut du pavé de l'autre côté de la mesme ruë où j'estois, les Estats marchans en ceremonie pour nous rendre à l'Assemblée.

Je proteste encore, sous le bon plaisir de Sa Majesté, contre les frequentes descentes de Monsieur le Gouverneur Commissaire du Roy dans l'Assemblée, aussi-bien que le jour de l'ouverture en habit de Cavalier, contre toutes les formes, & sans necessité, pour decider des affaires & des matieres qu'il n'est pas extraordinaire qu'un homme de sa profession n'entende pas, & seulement par complaisance, & pour favoriser Mr l'Abbé de Pailhés & ses adherans dans la destitution des Officiers, & dans d'autres innovations, nonobstant les ordres du Roy du 22. Aoust & 3. Septembre derniers, qui défendoient de rien changer & innover, que Sa Majesté n'eût jugé les contestations qui sont devant Elle; Et je proteste aussi des railleries & des reprimandes que Monsieur le Gouverneur a pris la liberté de me faire dans l'Assemblée, contre le respect qu'il me doit, en qualité d'Evesque Nommé de Pamiers, & en celle de President né des Estats.

Je proteste aussi, sous le bon plaisir de Sa Majesté, contre l'entreprise de Monsieur le Commissaire du Roy à l'égard du Sr Dufaur Secretaire des Estats, contre lequel il a donné une Ordonnance de contrainte par corps le 3. Novembre dernier, pour l'obliger de luy remettre le Plumitif & le Verbal des Estats, quoiqu'il n'ait, ny en qualité de Gouverneur, ny en qualité de Commissaire du Roy, aucune autorité sur les Officiers des Estats, que lorsque le President l'en requiert, & que Sa Majesté luy ait défendu par son Reglement de 1674. de les troubler dans l'exercice de leurs Charges, Monsieur le Commissaire du Roy ne devant entrer dans aucune discussion du Plumitif & du Procés verbal, & encore moins refuser de le signer; mais il doit au contraire signer ledit Procés verbal sans difficulté, & aussi-tost qu'il luy sera presenté, ainsi que le porte le mesme Reglement, & comme il resulte de plusieurs Procés verbaux, & entr'autres de celuy qui fut dressé & signé en 1674. par feu Monsieur l'Evesque de Pamiers & Monsieur le Comte de Foix, & par Mrs l'Abbé de Pailhés & de Terraube, contre les entreprises de feu Monsieur le Marquis de Foix, (quoique Monsieur le Gouverneur se serve aujourd'huy de M^s de de Pailhés & de Terraube avec leurs adherans, pour alterer la discipline, les reglemens, & l'ordre cy-devant observé dans les Estats de 1673. & 1674.) dans lesquels, pour y establir son autorité, & ruiner celle du President, feu Monsieur le Marquis de Foix introduisit des nouveautés, & obligea les Syndics d'y faire des propositions malgré le President, lesquelles contestations obligerent feu Monsieur de Pamiers, Monsieur le Comte de Foix & M^r l'Abbé de Pailhés de signer, & de presenter un Placet au Roy contre Monsieur le Gouverneur; & Sa Majesté en ayant pris connoissance, aussi-bien que des autres violences exercées par Monsieur le Marquis de Foix, Elle le relegua, & luy donna ordre de se défaire de son Gouvernement; & Sa Majesté relegua aussi dans la Ville de Castres Mr du Vernet, qui pour plaire à Monsieur le Gouverneur, luy avoit presenté, avec d'autres Gentils-hommes, une Requeste contre feu Monsieur de Pamiers leur Evesque & le President de l'Assemblée, contenant en substance, que feu Monsieur de Pamiers traitoit mal la Noblesse, qu'il interrompoit les Gentils-hommes lorsqu'ils opinoient, qu'il battoit des mains pour empescher qu'on n'entendist leur avis, qu'il faisoit trop durer les Estats, qu'il s'opposoit à leurs propositions, & leur ostoit la liberté d'opiner, quoique feu Monsieur l'Evesque de Pamiers ne voulût que faire observer les Reglemens des Estats de 1652. & ceux faits par le Roy en 1672. & 1674. ainsi que je fais depuis que je preside aux Estats de Foix.

Et comme feu Monsieur le Marquis de Foix n'obligeoit les Syndics de faire dans les Estats des propositions sans la participation du President, & contre les termes dudit Reglement de 1662. qu'en vertu d'une nouvelle clause qu'il avoit fait inserer par surprise dans les Lettres patentes de Sa Majesté de 1674. pour l'ouverture des Estats, & que cette clause est contraire au susdit Reglement de 1652. & qu'elle est la source de toutes les contestations passées & presentes; Je supplie trés-humblement Sa Majesté de faire retrancher cette clause des Lettres patentes qu'Elle donnera à l'avenir pour la convocation & ouverture des Estats du Pays de Foix, & de les faire expedier dans l'ancienne forme.

Signé, FRANCOIS DE CAMPS, EVESQUE N^é DE PAMIERS, President.

Protestations de M^r le Comte de Foix.

Signé GASTON DE FOIX. Soutenant que je n'ay point menty, lors que j'ay dit en pleins Estats ce qui s'est passé entre Monsieur le Marquis de Mirepoix & moy, & qui est rapporté au feuillet 23. *verso* de ce Verbal ; Monsieur de Mirepoix a tort de le desavouer, non seulement parce que la chose est veritable, comme j'offre de le prouver, s'il plaist au Roy de me le permettre, mais aussi parce qu'elle luy fait de l'honneur, puisqu'il estoit de son devoir de s'entremettre pour terminer les differens, sans attendre mesme que cela luy fust inspiré. Adherant au surplus à toutes les oppositions, protestations, dires & demandes de Monsieur l'Evêque de Pamiers President, cy-dessus écrites, & ne convenant en aucune maniere des faits contenus dans les dires de Mr l'Abbé de Pailhés, & notamment de ceux sur lesquels il m'allegue pour témoin dans le 9. feuillet de ce Verbal.

OBSERVATIONS
FAITES SUR LE PROCEZ VERBAL DES DERNIERS ESTATS DE FOIX.
par Mr l'Abbé de Pailhés & ses Adherans:

AVEC LES RE'PONSES

De Monsieur l'Evesque Nommé de Pamiers, President;

De Monsieur le Comte de Foix, Chef de la Noblesse;

Et du Secretaire de l'Assenblée.

OBSERVATIONS.

NOus soussignés estant venus en la presente Ville de Foix par ordre de Monsieur le Marquis de Mirepoix Gouverneur de la Province & Commissaire des Estats; ayant esté presens à la lecture qui fut faite le jour d'hier pardevant ledit Seigneur du Procés verbal des Estats tenus ès mois d'Octobre & Novembre derniers par le Sr Dufaur cy-devant Greffier, qui a apporté ledit Verbal audit Seigneur de la part de Monsieur l'Evesque de Pamiers, lequel luy a écrit ne pouvoir se rendre icy à cause de son indisposition, avons en presence dudit Seigneur le Gouverneur, à proportion qu'on faisoit la lecture, fait les observations des ob-

RE'PONSE DE MONSIEUR l'Evesque Nommé de Pamiers.

EN répondant avec Monsieur le Comte de Foix pour le Sr Dufaur Secretaire des Estats, & ledit Sr Dufaur avec nous, aux protestations cy-dessous écrites, je ne puis que faire remarquer d'abord que d'un si grand nombre de personnes dont les Estats sont composés il ne s'en est trouvé que neuf qui les ayent voulu signer avec Mr l'Abbé de Pailhés, dont quatre sont ses proches parens; sçavoir Mr de Cazaux Beon son beau-frere, Mr Dusoulé son neveu, Mr de Ganac son Cousin germain, & Mr de Caudeval beau-frere de Mr de Ganac, avec Mrs de Ter-

missions, changemens & additions faits dans les dire, & en plusieurs Deliberations, que nous avons fait mettre par écrit en la maniere qui suit cy-aprês, en consequence de la Lettre que Monseigneur le Marquis de Châteauneuf a écrite sur ce sujet audit Seigneur Gouverneur, en datte du 20. dudit mois de Novembre dernier.

raube, de Bernajoul, Montlaur, Caraibat & Theulade Consul de Foix; quoy qu'il soit de notorieté publique que lesdits Srs de Bernajoul, de Caudeval, du Soulé, Montlaur, de Caraibat & Theulade n'ont point assisté à toutes les seances, lesdits Srs du Soulé & Bernajoul ayant quitté l'Assemblée immediatement aprês la deputation de Mr de Terraube, & les autres s'en estant absentés en divers temps; & il se verra que les faits contenus dans ces protestations, ont aussi peu de fondement de verité, que ceux que M[r] l'Abbé de Pailhés a déja osé envoyer au Roy par ses precedens memoires, & qu'il avance encore ceux-cy avec aussi peu de scrupule de conscience, qu'il en a fait paroistre en prenant & retenant l'argent du Pays sous differents pretextes rapportés à la fin de cette réponse : En passant le dernier jour de la Toussaints au jeu chés M[r] le Gouverneur, sans assister aux Offices divins du matin & du soir; & au grand scandale du public, ne paroissant dans aucune Eglise les jours ouvriers pour entendre la Sainte Messe pendant la tenuë des Estats, quoy que tous les matins on la dise pour tous ceux de l'Assemblée.

Les plaintes que M[r] l'Abbé de Pailhés & ses adherans font des pretenduës additions & obmissions, sont donc moins un effet de leur zele pour la verité, que de leur adresse à vouloir excuser par là l'entreprise qu'ils ont faite de changer & d'innover contre les deffenses & les ordres du Roy, & notamment d'avoir destitué le Sr Dufaur Secretaire, voulant insinuer qu'il a alteré le Procês Verbal, & qu'ils sont par consequent excusables de l'avoir destitué contre les deffenses de Sa Majesté, puis que cette raison, quand bien elle seroit veritable, ce qui pourtant n'est pas, ne couvriroit point leur desobeïssance à l'égard des Srs Meric & d'Alciat qu'ils ont aussi destitués, sans qu'ils ayent rien à dire contre leur conduite, & qui selon les Deliberations & usage des Estats devoient exercer à vie, & ne pouvoient par consequent estre destitués sans estre convaincus de malversations.

Il y a d'ailleurs des faits dans ces protestations cy-dessous écrites, qui ne sont point veritables, comme je les en convaincray, ne tendant la plusparr qu'à fortifier leurs precedentes plaintes qui sont pendantes devant le Roy, & principalement pour aneantir l'autorité & les droits du President, pour éluder l'execution des Lettres patentes du Roy au sujet du bâtiment de la Maison Episcopale, & empescher qu'on ne fasse rendre compte au Sr Teynier (dans la maison & par l'avis duquel ces protestations ont esté dresées) de diverses sommes qu'il a entre les mains, quoy que les Estats & la Chambre des Comptes l'ayent deliberé.

Observation. *En premier lieu, avons remarqué qu'on a obmis d'inserer dans le Procés verbal les instances faites par M. l'Abbé de Pailhés lors de la lecture du Catalogue contre l'entrée du S. de la Riviere pour le Fief de Travercier, auquel a esté transferé l'entrée du Fief de Baulias, par Lettres patentes du Roy, dont ledit Sr Abbé consentit le Registre aux Estats precedens; sauf ausdits Estats à faire tres-humbles remontrances au Roy, sur ce que cette Translation a esté surprise sans aucune raison; & que ledit Sr de la Riviere n'a point justifié de la noblesse de son pretendu Fief, ausquelles protestations ledit Sr Abbé persiste.*

Réponse. Le Secretaire n'a point fait mention de cette pretenduë opposition de M[r] l'Abbé de Pailhés à l'execution des Lettres Patentes du Roy pour l'entrée du S. de la Riviere, parce que si M[r] l'Abbé de Pailhés en a parlé, ce qu'on n'a pas entendu, l'Assemblée n'y a eu aucune attention; que je n'ay point ordonné au Secretaire de l'écrire; & que d'ailleurs le Plumitif & le Verbal de l'année passée en sont chargés. Les Procés Verbaux des Estats sont chargés de tant d'exemples de la desobeïssance de M[r] l'Abbé de Pailhés aux Ordres, aux Arrests & aux Lettres Patentes de Sa Majesté, qu'il ne devoit pas insister qu'on y mist encore celuy-cy.

Observation. *Au feuillet 5. verso, il est dit touchant la nomination des Deputés à Monsieur le Gouverneur; que le tout à passé d'une commune voix, conformément aux Arrests du Conseil & Reglemens des Estats. Cependant, cette Deliberation passa à l'avis dudit Sr Abbé de Pailhés, à la pluralité des voix; selon l'usage accoûtumé, sans qu il ait esté fait men-*

Réponse. On ne trouvera pas qu'il soit parlé dans la Deliberation touchant la Nomination des Deputés à Monsieur le Gouverneur qui est couchée au feüillet 5. *recto*, & non pas *verso*, ny d'Arrest du Conseil, ny de Reglement des Estats; mais bien dans une autre Deliberation couchée ensuite au *verso* du mesme feuillet concernant les

tion d'aucun Arrest ny de Reglement qu'on ne sçait pas.

Commissaires pour la revision des Comptes, que la prevention avec laquelle agissent ces M^rs leur ont fait confondre l'une avec l'autre.

Observation. *Au feuillet 7.* verso, *le dire de Monsieur de Pamiers n'ayant point esté prononcé à l'Assemblée, ainsi qu'il est écrit dans le Verbal, de mesme que sa réponse mentionnée au feuillet 8.* verso, *ne sçauroit estre approuvé.*

Réponse. Mon Dire & ma Réponse sont dans le Verbal de la maniere que je les ay prononcées dans l'Assemblée, & M^r l'Abbé de Pailhés ne l'approuve pas non plus que Monsieur le Gouverneur, parce qu'elle ne fait pas pour eux.

Observation. *Au feuillet 12.* verso, *à l'égard des cent livres accordés à Monsieur le Commissaire pour le* Visa; *il n'en fut pas parlé dans l'Assemblée qui s'en rapportoit aux Deliberations des années precedentes qui nomment Mr de Viviers pour Commissaire, qu'on devoit au moins nommer en cet endroit selon l'usage.*

Réponse. La somme de cent livres pour le Commissaire du *Visa*, est une dépense ordinaire au Pays, que j'ay comprise & mentionnée dans la proposition que j'ay faite des autres impositions accoûtumées.

Observation. *Au feuillet 13.* verso, *dans la Deliberation qui approuve l'emprunt de 3500. livres pour payer le Sr Planteroze, on a ajoûté sans prejudice du compte que le Sr Teynier doit rendre de ladite somme dûe de reste de 15000. livres, au sujet dequoy les Syndics sont chargés de faire leurs diligences; car il ne fut point deliberé que le Sieur Teynier rendroit compte de cette somme de 3500. livres qu'il n'a point levée, mais seulement des restes que lesdits Syndics luy avoient mis en main, & la Deliberation fut lûe sans cette addition en pleins Estats au Sr Teynier qui estoit present.*

Réponse. La Deliberation couchée au 13. feüillet *verso*, est couchée dans le Verbal, ainsi qu'elle a esté resoluë dans l'Assemblée; & ces Messieurs qui ne la desavouent que pour obliger le Sr Teynier (à qui ils ne veulent jamais qu'on demande aucun compte) ne laissent pas de convenir dans cet article qu'il en doit rendre un, des restes que les Syndics luy ont mis en main.

Observation.

Observation. *Au feuillet 14. verso, il est dit dans la proposition. que la Ville de Pamiers devoit contribuer pour son dixieme aux 18000. livres des nouveaux Acquests; cependant il n'en est pas dit un mot dans la Deliberation, quoique cela eust esté deliberé, laquelle obmission est importante.*

Réponse. J'ay dit en substance dans ma proposition sur le Traité des nouveaux Acquests, tout ce que contient la Deliberation de Messieurs les Commissaires des Estats, en vertu de laquelle les Offres & le Traité ont esté faits par les Syndics du Pays, qu'il falloit faire autoriser par l'Assemblée. L'Assemblée a donc deliberé cette autorisation; conformément à la proposition que j'en ay faite; & n'estant pas question d'autre chose, il n'estoit pas necessaire de parler dans la Deliberation qui l'autorise du détail des portions que les Villes de Pamiers, Lezat & le Donnezan en doivent payer, puisque le tout est compris dans ma proposition; & le Secretaire n'entendroit pas son mestier, s'il avoit dressé la Deliberation, ainsi que ces Messieurs le proposent.

Observation. *Au feuillet 15. à l'égard de l'imposition de l'Ustancile, il a esté ajoûté que la levée seroit faite, deduction faite des autres fonds qui ne se trouveront pas auoir esté employés par le Tresorier, ou destinés; laquelle addition n'a pas esté deliberée, & est inutile & confuse.*

Réponse. Ces Messieurs se méprenent encore en cet endroit. La clause qu'ils disent avoir esté ajoûtée dans cette Deliberation du feuillet 15. pour l'imposition de l'Ustancile, ne se trouve pas dans la Deliberation, mais elle est dans ma proposition, que le Secretaire a couchée dans le Verbal de la maniere que je l'ay dit dans l'Assemblée; & ce qu'il y a de plus remarquable dans la prévention avec laquelle ces Messieurs agissent, est qu'ils desavouent une chose qui est aussi contenuë dans l'avis de M^r l'Abbé de Pailhés, & qu'il a seulement affecté de dire en d'autres termes.

Observation. *Au feuillet 19. il a esté obmis de mettre l'avis de M. le Baron d'Arignac au long, mais seulement par un &c. ledit Sr Baron n'ayant point voulu opiner sur sa deputation.*

Réponse. La remarque contenuë dans cet article est en verité bien digne de ceux qui l'ont faite: Il s'agit d'un *& cetera.*

Observation. *Au mesme feuillet 19.* verso *& 20. il a esté obmis qu'il fut deliberé, que la somme de 7700. livres destinés pour fournir aux Communautés qui logeroient les Troupes, il en seroit deduit l'excedant de ce qui avoit esté imposé au de-là de la somme contenue dans le Traité des nouveaux Acquests, ce qui est une obmission importante.*

Réponse. La Deliberation contenuë au feuillet 19. *verso* & 20. concernant la somme de 7700. liv. pour la subsistance des Troupes, a esté resoluë sur mon avis : M[r] l'Abbé de Pailhés s'y est conformé, & toute l'Assemblée d'une commune voix ; & ce qu'il accuse le Secretaire d'avoir obmis, ne doit pas estre dans la Deliberation, puis qu'il n'est pas de la sorte dans mon avis.

Observation. *Au feuillet 23. & 24.* verso, *il y a un dire de M. le Comte de Rabat, qui n'a jamais esté prononcé dans l'Assemblée, qui ne sçauroit estre approuvé par nous.*

Réponse. On ne peut que se récrier en cet endroit contre la mauvaise foy que M[r] l'Abbé de Pailhés & ses adherans affectent de faire paroistre, en soûtenant que Monsieur le Comte de Foix n'a pas prononcé dans les Estats le dire qui est couché aux feuillets 23. *verso* & 24. *recto*, puis que c'est une chose connuë de toute l'Assemblée, qui a vû & entendu Monsieur le Comte de Foix dicter son dire au Secretaire de la maniere qu'il est couché sur le Plumitif & dans le Verbal des Estats : mais une autre preuve de cette verité qui subsiste encore dans le Verbal, c'est que M[r] l'Abbé de Pailhés a aussi répondu au dire de Monsieur le Comte de Foix en pleine Assemblée ; qu'il a fait écrire sa réponse sur le Plumitif par le Secretaire, & que cette réponse (que M[r] l'Abbé de Pailhés n'impugne pas) est aussi couchée mot à mot dans le Procés verbal, ensuite du dire de Monsieur le Comte de Foix.

Observation. *Au feuillet 25.* verso, *il a esté obmis que le Sr Seré Tresorier ne seroit obligé de remettre & exhiber ses Etats de recepte qu'une fois seulement pendant l'année, & durant les Estats, si la necessité le requeroit & qu'il en fut requis, ainsi qu'il avoit esté deliberé.*

Réponse. Cet article est encore une, de tant d'autres preuves que M[r] l'Abbé de Pailhés & ses adherans ont déja donné du soin qu'ils prennent d'empecher que les affaires publiques se fassent dans un bon ordre : cela arriveroit si le Treſorier eſtoit obligé de repreſenter ſes Eſtats de recepte toutes & quantes fois qu'il en ſeroit requis de la part du Preſident des Eſtats ou par les Syndics ; mais Mr l'Abbé de Pailhés veut réduire cette pretention, ſi neceſſaire pour la ſeureté des deniers publics, à une fois ſeulement pendant l'année : Cependant la Deliberation eſt couchée ſur le Verbal de la maniere qu'elle a eſté reſoluë, & il faut qu'elle demeure & qu'elle ſubſiſte ainſi pour le bien public.

Obſervation, *Au feuillet 27. à l'égard des 13000. liv. accordés pour la bâtiſſe de la Maiſon Epiſcopale, il fut deliberé que Monſieur l'Eveſque de Pamiers ne touchera le reſtant de ladite ſomme, qu'aprés avoir obtenu un Arreſt de decharge pour l'avenir en faveur du Pays, lequel Arreſt ſeroit remis aux Syndics, & juſques à ce, ce qui reſte à payer, reſteroit entre les mains du Treſorier conformement à ce que Monſieur l'Eveſque a promis luy-meſme lors de ladite Deliberation ; cependant on a obmis cette clauſe eſſentielle.*

Réponſe. Mr l'Abbé de Pailhés a bien de la peine à ſe contenir lors qu'il s'agit d'obéïr aux Ordres du Roy, ou d'executer ſes Lettres patentes. La ſeance du matin du 26. Octobre eſt remplie des efforts qu'il a faits pour arreſter l'execution des Lettres patentes concernant le baſtiment de la Maiſon Epiſcopale. Ce qu'il dit maintenant ſur la Deliberation couchée au feuillet 27. eſt un dernier effort qu'il fait pour y réüſſir ; mais la Deliberation eſtant dans le Verbal telle qu'elle a eſté reſoluë par les Eſtats, aprés une ample diſcuſſion & deux lectures que le Secretaire en a fait de ſuite dans l'Aſſemblée, elle doit eſtre executée à la lettre. Mais ce qui manque à cette Deliberation, & que je ne me ſuis pas ſoucié d'y faire mettre, c'eſt le calcul qui a eſté fait publiquement dans l'Aſſemblée des ſommes que j'ay remiſes au Pays pour le ſoulagement des peuples, & qui m'appartenoient legitimement ; ſçavoir, les quatre mille livres qu'on delibera de me donner en 1689. pour ma deputation à la Cour, que j'ay faite ſans en rien prendre, les émolumens de ma preſidence des Eſtats depuis cinq années, ceux de ma preſidence à la Chambre des Comptes, mes taxations de toutes les Commiſſions auſquelles j'ay travaillé, dont je n'ay rien voulu recevoir depuis que je ſuis dans le Pays, ce qui ſe monte à plus de dix mille livres ; de ſorte que par ce calcul on a fait voir dans l'Aſſemblée, & Mr l'Abbé de Pailhés en eſt convenu, que j'avois déja plus donné de mon argent au Pays, que le Pays n'en avoit encore payé pour le baſtiment de la Maiſon Epiſcopale laquelle me regarde bien moins que mes Successeurs à l'Evesché de Pamiers.

Observation. *Au feuillet 28. verso, est rapporté que Lauriol parferoit l'Inventaire des Archives de la Tour ronde; & qu'on feroit un prix fait pour son travail; neanmoins cela ne fut point deliberé; d'ailleurs cette pretendue Deliberation détruiroit celle de 1682. qui porte que le Sr Seré Syndic executera la Commission de Monsieur l'Intendant; de remettre lesdites Archives dans l'ordre; aussi-bien que les Deliberations prises aux Estats les années 1683. & 1689. qui chargent ledit Seré de la conduite dudit Inventaire.*

Réponse. La Deliberation rapportée au feuillet 28 *verso*, concernant le prix fait qu'on doit passer avec Lauriol pour l'Inventaire de la Tour ronde, n'a esté prise & couchée sur le Plumitif que sur la proposition de Mr l'Abbé de Pailhés; & comme elle ne détruit pas les Deliberations precedentes, & qu'elle n'empeche pas aussi que le Sr Seré Syndic n'en ait l'inspection, Monsieur le President y a donné les mains.

Observatiou. *Au mesme feuillet 28.* verso, *a esté ajoûté que le S. Teynier rendra au Consul de Sabarat 197. livres 6. sols 6. deniers; car s'il en eust esté parlé, les Estats auroient ordonné qu'il seroit oüy auparavant le condamner.*

Réponse. Cette Deliberation couchée sur le mesme feuillet 28. a esté resoluë comme elle est dans le Verbal, & Mr l'Abbé de Pailhés a esté de cet avis; mais il a changé de sentiment depuis l'Assemblée, prié par le Sr Teynier qui ne voudroit pas rendre la somme de 197. livres qu'il a prise au Consul de Sabarat, contre les termes des Arrests du Conseil, & les Deliberations des Estats.

Observation. *Au feuillet 29.* verso, *il fut deliberé sur le rapport fait par Mr le Baron d'Arignac, qu'il seroit surcis à la revision des comptes du Syndic & Tresorier, à cause de divers chefs d'entreprises de ladite Chambre des Comptes, dont on a porté plainte au Roy, jusques a ce que le Reglement qu'on poursuit ait esté fait, cependant cette*

Réponse. L'Assemblée n'a point pris de Deliberation sur le rapport que Mr d'Arignac a fait de la revision des comptes, parce que j'ay dit que je ne pouvois pas le permettre attendu les Ordres du Roy, ainsi qu'il est couché sur le Verbal; mais ce que Mr l'Abbé de Pailhés en dit icy n'est que par ressenti-

Deliberation

Deliberation a esté supprimée, & ajoûté que l'Assemblée s'estant soûmise n'avoit rien deliberé sur cela.

ment contre le S[r] d'Alciat, à qui il voudroit oster s'il pouvoit les 200. livres que la derniere Chambre des Comptes luy a donné en consideration d'une grande maladie, & faire aussi rayer 52. livres que j'ay donné par un mandement au Sr de la Riviere, pour les frais d'un voyage que je luy ay fait faire en Cerdaigne, où il est allé par mon ordre trouver Monsieur le Duc de Noailles pour le service du Roy, & pour les affaires du Pays.

Observation. *Au feuillet 32. verso, au lieu de transcrire au long la Lettre de Monseigneur le Marquis de Châteauneuf du 3. Mars 1691. ainsi qu'il fut deliberé, on n'en a transcrit qu'une partie, & on a obmis le reste par &c.*

Réponse. Le Secretaire a couché sur le Verbal tout ce qu'il y a dans la Lettre de Monsieur le Marquis de Châteauneuf du 3. Mars dernier, qui concerne les Estats & la contestation formée par M[r] l'Abbé de Pailhés; & ce que le Secretaire n'y a pas mis, n'est qu'un article de trois lignes, qui parle d'une Requeste que les Chanoines de Pamiers ont retractée, & qu'ils avoient presentée au Roy contre moy, de concert avec M[r] l'Abbé de Pailhés, & avec le Chevalier de Lissac son Confident & son Commensal, duquel il se servoit pour conduire cette intrigue, & lequel Chevalier de Lissac est maintenant au service du Prince d'Orange.

Obseruation. *Nous avons encore remarqué, que dans toutes les Deliberations au sujet des reparations des ponts & chemins, & autres affaires, il a esté ajoûté que les somme ordonnées par les Estats seront payées sur les Mandemens de Monsieur l'Evesque de Pamiers; quoique cela n'ait point esté deliberé, comme n'estant pas necessaire de faire des Mandemens lorsqu'il y a des Deliberations qui sont des decharge plus fortes que les Mandemens.*

Réponse. Les Estats ont deliberé, que toutes ces sommes, dont parle M[r] l'Abbé de Pailhés & ses adherans, seront payées sur les Mandemens de Monsieur le President: cela est d'ailleurs du bon ordre & usité par tout.

Lesquelles Observations nous avons faites en presence dudit Sei-

Réponse.

On peut juger par ces Réponses, que les protestations de M[r] *gneur Gouverneur pour y estre pourvû par Sa Majesté : Declarant que nous signerons ledit Procés verbal sous les presentes protestations ; lorsque Monsieur de Pamiers aura signé, nous estant contentés de faire lesdites protestations pour qu'il en apparoisse ; & de les signer conformement à la susdite Lettre de mondit Seigneur le Marquis de Châteauneuf. Fait à Foix le quatrieme jour du mois de Decembre mil six cens quatre-vingt-onze.* Signés L'ABBE DE PAILHES, CAZAUX BEON, TERRAUBE, GANAC, BERNAJOUL, CAUDEVAL, MONTLAUR, DU SOULE', CARAYBAT, & THEULADE *Consul de Foix.*

l'Abbé de Pailhés & de ses adherans ne sont d'aucune utilité pour le public. Il n'en seroit pas de mesme si on prenoit autant de soin d'examiner les Verbaux des Estats, de la Chambre des Comptes & des autres Assemblées ausquelles Mr l'Abbé de Pailhés a presidé, puisqu'on y remarqueroit presque par tout un parfait éloignement à l'execution des Ordres du Roy, une grande negligence dans les affaires publiques qu'il a administré, & beaucoup de facilité à donner le bien du Pays, à empecher que les Estats ne prennent les resolutions necessaires pour se faire payer des sommes qui leur sont dûës, & une trop grande avidité pour prendre luy-mesme l'argent du Pays, & l'employer à ses usages, comme il fit en *1676.* qu'il fit passer à la Chambre des Comptes deux sols d'augmentation par place de Cavalier aux Communautés qui avoient souffert le logement du Quartier d'Hyver, & qu'il fit donner en particulier aux Consuls de la Ville de Mazeres, dont il est Seigneur, la somme de 2000. livres, sous pretexte d'une foule de Gens de guerre qu'elle s'estoit attirée ; & ce nonobstant la Deliberation & Reglement des Estats qui le défendoit, & contre l'opposition des Syndics generaux du Pays ; de laquelle somme on sçait que les Consuls de Mazeres n'ont pas profité seuls.

On trouveroit aussi dans le Procés verbal de la Chambre des Comptes, & dans les Comptes du Tresorier de 1680. que Mr l'Abbé de Pailhés s'est fait donner sur son Mandement une somme de 1100. livres, sous pretexte de la compter à un homme de la Cour, laquelle somme neanmoins luy est restée entre les mains.

On trouveroit qu'il fit prendre le 11. jour de Novembre de la mesme année un Deliberation par une Assemblée de Commissaires, pour luy faire tenir à Paris quatre cens loüis d'or, ayant écrit à Monsieur le Comte de Foix que moyennant cette somme il obtiendroit le delogement des Troupes qui estoient dans le Pays ; & voyant qu'on n'avoit pas voulu luy confier cette somme qu'il ne remit en mesme temps ledit delogement, il à tiré d'autorité l'Original du Verbal de cette Assemblée des mains du Secretaire des Estats, disant qu'on pourroit luy causer quelque préjudice si on venoit à découvrir cette Deliberation.

On verroit encore par le mesme Procés verbal, qu'il se fit alloüer par la Chambre des Comptes une somme considerable, pour une visite qu'il fit de son chef à Monsieur le Marquis de Louvois à Querigut; & qu'il se fit accompagner par un grand nombre de ses Parens, ausquels il a fait payer les journées par la mesme Chambre des Comptes, quoique la plûpart ne fussent point du corps des Estats ny du Pays de Foix.

On trouveroit dans le Verbal des Comptes de 1682. que M^r l'Abbé de Pailhés s'est fait donner une somme de 400. livres au delà de ses appointemens: Qu'il s'est fait donner en 1683. & 1684. une somme de 200. livres pour acheter des jettons, qu'il a neanmoins gardée sans l'employer suivant sa destination.

On trouveroit que M^r l'Abbé de Pailhés, presidant aux Estats de 1685. fit donner une somme de 200. livres au nommé Blaja de Daumazan, pour le dedommager de la perte de sa maison, à laquelle les valets de M^r l'Abbé de Pailhés avoient mis le feu en preparant le festin des nopces de M^r le Baron de Pailhés son frere: Que dans les mesmes Estats M^r l'Abbé de Pailhés se fit encore donner une somme de 1200. livres, sous pretexte du bâtiment de l'Eglise de Mazeres dont il est Prieur Decimateur, sans Permission & Lettres patentes de Sa Majesté, & ausquels le Pays ne devoit pas contribuer.

On trouveroit aussi dans les Comptes de la mesme année 1685. comme dans ceux de 1686. & 1687. que M^r l'Abbé de Pailhés a fait donner une somme de 200. livres à un Prestre, à qui il donnoit le nom de son Aumônier; & qu'en 1688. Madame de Caudeval ayant ordonné une restitution en faveur du Pays de la somme de 400. livres, M^r l'Abbé de Pailhés presidant pour lors, fit profiter de cette somme Mr de Ganac son cousin germain & gendre de ladite Dame, sous pretexte d'un voyage qu'il avoit fait en Roussillon deux ans auparavant; & que ledit Sr de Ganac avoit offert à l'Assemblée de faire *gratis*; pour lequel voyage il ne devoit employer que sept ou huit journées au plus.

M^r l'Abbé de Pailhés sçait bien qu'on trouveroit encore beaucoup d'autres choses, si on vouloit examiner les Verbaux des Estats & sa conduite avec plus de soin, & ce ne seroient point des remarques inutiles pour le bien public: Mais en attendant que l'occasion s'en presente, nous faisons de tres-humbles instances au Roy d'ordonner que M[r] l'Abbé de Pailhés restituera au Pays les sommes cy-dessus marquées, ainsi qu'on l'a déja demandé dans les Memoires cy devant envoyés à Monsieur le Marquis de Châteauneuf, pour répondre aux plaintes affectées & sans aucun fondement de M l'Abbé de Pailhés contre Monsieur le President; Et nous supplions tres-humblement Sa Majesté d'ordonner que ledit Sr Abbé de Pailhés fera au Sr Dufaur telle reparation qu'Elle jugera la plus juste, pour les calomnies qu'il a inventées contre cet Officier des Estats, qui a l'honneur d'estre Procureur du Roy de la Ville de Montaud, homme de probité & d'honneur, ainsi que les Estats l'ont declaré.

Fait à Pamiers, ce vingtieme Decembre mil six cens quatre-vingt-onze. FRANCOIS DE CAMPS EVESQUE N[e] DE PAMIERS, President; GASTON DE FOIX, adherant aux Réponses & aux Instances de Monsieur le President; DUFAUR, Secretaire. *Signés.*

Collationné sur l'Original du susdit Procés Verbal par moy Secretaire des Estats du Pays de Foix, soussigné.

DUFAUR.

www.ingramcontent.com/pod-product-compliance
Lightning Source LLC
LaVergne TN
LVHW020454230826
846091LV00008BA/3193
9782011300867